essentials

Essentials liefern aktuelles Wissen in konzentrierter Form. Die Essenz dessen, worauf es als „State-of-the-Art" in der gegenwärtigen Fachdiskussion oder in der Praxis ankommt. Essentials informieren schnell, unkompliziert und verständlich.

- als Einführung in ein aktuelles Thema aus Ihrem Fachgebiet
- als Einstieg in ein für Sie noch unbekanntes Themenfeld
- als Einblick, um zum Thema mitreden zu können.

Die Bücher in elektronischer und gedruckter Form bringen das Expertenwissen von Springer-Fachautoren kompakt zur Darstellung. Sie sind besonders für die Nutzung als eBook auf Tablet-PCs, eBook-Readern und Smartphones geeignet.

Essentials: Wissensbausteine aus Wirtschaft und Gesellschaft, Medizin, Psychologie und Gesundheitsberufen, Technik und Naturwissenschaften. Von renommierten Autoren der Verlagsmarken Springer Gabler, Springer VS, Springer Medizin, Springer Spektrum, Springer Vieweg und Springer Psychologie.

Hans-Bernd Schäfer

Widerruf bei Hypothekenkrediten

Wer schützt uns vor diesem Verbraucherschutz

Prof. Dr. Hans-Bernd Schäfer
Bucerius Law School
Hamburg
Deutschland

ISSN 2197-6708 ISSN 2197-6716 (electronic)
essentials
ISBN 978-3-658-07572-9 ISBN 978-3-658-07573-6 (eBook)
DOI 10.1007/978-3-658-07573-6

Die Deutsche Nationalbibliothek verzeichnet diese Publikation in der Deutschen Nationalbibliografie; detaillierte bibliografische Daten sind im Internet über http://dnb.d-nb.de abrufbar.

Springer Gabler

Gedruckt auf säurefreiem und chlorfrei gebleichtem Papier

Springer Fachmedien Wiesbaden ist Teil der Fachverlagsgruppe Springer Science+Business Media
(www.springer.com)

Was Sie in diesem Essential finden können

- Eine Darstellung des „ewigen Widerrufsrechts" oder „Widerrufsjokers" des Hypothekenkreditnehmers, mit dem er bei sinkenden Zinsen hohe Gewinne auf Kosten der Banken und der Bankkunden erzielen kann, sofern nicht die Rechtsprechung dem Einhalt gebietet.
- Eine Darlegung der Gründe, warum dies mit vernünftigen Zielen des Verbraucherschutzes nichts mehr zu tun hat, sondern nur eine Umverteilung nach dem „deep pocket approach" darstellt.
- Einen Hinweis auf die Gefahr, dass der gute und wichtige Gedanke des Verbraucherschutzes in Gefahr ist, auf Abwege geführt zu werden.

Vorwort

Die Immobilien finanzierenden Banken in Deutschland sehen sich zunehmend einem immensen öffentlichen Druck seitens der Verbraucherzentralen ausgesetzt. So meinen findige Verbraucherschützer ein Hintertürchen gefunden zu haben, durch das Kreditnehmer bei historisch niedrigen Zinsen ihr altes Immobiliendarlehen ohne Vorfälligkeitsentschädigung zurückzahlen und einen neuen Kredit mit wesentlich niedrigeren Zinsen aufnehmen können. Konkret geht es dabei überwiegend um den Vorwurf trivialer Normabweichungen, die den Kredit vergebenden Banken in der Formulierung der Widerrufsbelehrung unterlaufen sein sollen. Deren gesetzliche Vorgaben hatten sich allein zwischen 2002 und 2010 sieben Mal geändert, wodurch selbst sachkundigste Bankjuristen bei der genauen Abfassung des Wortlauts von Widerrufsbelehrungen in ein juristisches Labyrinth geleitet wurden. In diesem Fall könnten nun nach Auffassung der Verbraucherschützer Kreditnehmer, die mit Abschluss ihres Vertrages nicht ordnungsgemäß über ihr 14-tägiges Widerrufsrecht belehrt wurden, dieses Recht zeitlich unbegrenzt ausüben. Bankkunden, die sonst nie auf die Idee gekommen wären, ihren laufenden Vertrag vorzeitig zu beenden, würden damit die Risiken eines fairen Vertrags im Nachhinein bedenkenlos der anderen Seite zuweisen und die Niedrigzinsphase auf Kosten von Banken, Volksbanken und Sparkassen ausnutzen.

Verbraucherschutzverbände treiben diese Entwicklung weitgehend voran, denn sie fordern seit langem, die Vorfälligkeitsentschädigung generell abzuschaffen. Dies wäre aber nur durch eine tief in das Vertragsrecht einschneidende Gesetzesänderung möglich und ist zudem mit vernünftigen Zielen des Verbraucherschutzes unvereinbar. Es würde nur zu einer rechtspolitisch bedenklichen Erhöhung von Darlehenszinsen und zur Quersubventionierung zwischen verschiedenen Typen von Kreditnehmern führen.

Inhaltsverzeichnis

In Deutschland bahnt sich gegenüber den Immobilienkredit vergebenden Banken eine Deformation des Verbraucherschutzgedankens an, die in dieser Form bislang nur aus dem Ausland bekannt ist. Besonders drastische Fehlentwicklungen des Verbraucherschutzes kennt man bisher vorwiegend aus den USA. Dort haben erfolgreich eingeklagte Haftungskosten inzwischen in vielfacher Hinsicht Einfluss auf die Preisentwicklung genommen. So bestehen in den USA beispielsweise 95 % des Preises von Impfstoffen für Kinder, über 50 % des Preises für Football-Helme und 30 % des Preises für Leitern aus eingepreisten Haftungskosten. Kinderspielplätze mit Klettergerüsten sind verschwunden, weil die Gemeinden die Haftungsrisiken scheuen. Die Versicherungskosten einer Arztpraxis belaufen sich auf weit über 100.000 $ im Jahr. Strafschäden in exorbitanter Höhe sind keine Seltenheit.

Doch die Zeiten, in denen man Derartiges hierzulande aus der Distanz mit einer Mischung aus Unglauben und Fassungslosigkeit betrachtet, könnten bald vorbei sein. Denn in Deutschland bahnt sich zu Lasten der Immobilien finanzierenden Banken eine Übertreibung des Verbraucherschutzgedankens an, der diesen Beispielen durchaus nahe kommt.

Nach Auffassung der Verbraucherschützer kann ein Kreditnehmer, der in Deutschland einen Hypothekenkredit aufgenommen hat und auf einem von ihm unterschriebenen Formblatt über sein 14-tägiges Widerrufsrecht nicht ordnungsgemäß belehrt wurde, unbegrenzt von seinem Widerrufsrecht Gebrauch machen. Eine nicht ordnungsgemäße Belehrung liegt bereits dann vor, wenn die Formulierung der Bank eine winzige Abweichung vom gerichtlichen Standard aufweist. Dies könnte bei den derzeit historisch niedrigen Zinsen für Hypothekenkredite zum Missbrauch des Verbraucherschutzes führen, der Banken – aber auch den Bank-

© Springer Fachmedien Wiesbaden 2015
H.-B. Schäfer, *Widerruf bei Hypothekenkrediten,* essentials,
DOI 10.1007/978-3-658-07573-6_1

kunden selber – mit Verlusten in Milliardenhöhe teuer zu stehen kommen kann. Ein Beispiel: Hat ein Kunde im Jahre 2008 einen endfälligen Kredit von 300.000 € für den Kauf seines Hauses aufgenommen, so kann er jetzt noch den Kredit ohne Vorfälligkeitsentschädigung zurückzahlen. Vor 5 Jahren betrugen die Zinsen 5 %, heute 2 %. Er kann sich neu verschulden und spart für die restlichen 5 Jahre den Betrag von 45.000 € ein. Die Bank hat einen vergleichbar hohen Verlust. Denn sie verliert nicht nur ihre Zinsspanne, die bei etwa einem Prozentpunkt liegt und aus der sich ihr Gewinn sowie der Kostenbeitrag speist. Sie muss das zurückgezahlte Geld, das sie vor 5 Jahren fristengleich mit dem Vertrag für 4 % Zinsen refinanziert hat, jetzt für 2 % ausleihen. Hat eine Bank in diesem Massengeschäft 1000 solcher Fälle zu beklagen, belaufen sich ihre Kosten auf 45 Mio. €.

Grundsätzlich erhöht die vertraglich fixierte Zinsbindung die Planbarkeit der Belastungen aus dem Kreditvertrag, indem sie den Kreditnehmer vor Zinssteigerungen schützt und ihm gleichzeitig das Risiko einer Zinssenkung zuweist. Durch das Ausnutzen des ewigen Widerrufsrechts wird der Vertragstreue, zu der sich beide Vertragspartner verpflichtet haben, nicht nachgekommen. Denn der Kreditnehmer handelt nicht, weil er falsch belehrt wurde. Er nutzt die Opportunität des ewigen Widerrufsrechts ausschließlich aus dem Grund, ein Risiko, das der Vertrag ihm zuweist, im Nachhinein der Bank aufzulasten, um von der aktuellen Niedrigzinsphase zu profitieren. Wären die Zinsen in der Zwischenzeit gestiegen, hätte er

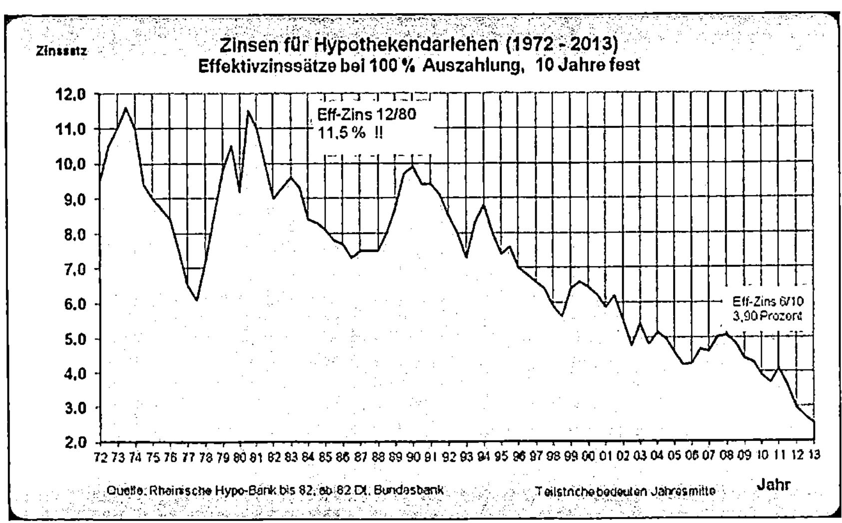

Abb. 1.1 Zinsen für Hypothekendarlehen 1972–2013. (Quelle: Rheinische Hypo-Bank bis 82, ab 82 Dt. Bundesbank)

sich wohl nicht auf die geringfügige Abweichung der im guten Glauben vorgenommenen Widerrufsbelehrung vom gerichtlichen Standard berufen und vielmehr den Vorteil der Zinsbindung in Anspruch genommen. Zur Verdeutlichung: Kaum mehr als ein Prozent der Kreditnehmer machen von ihrem Widerrufsrecht innerhalb von 14 Tagen überhaupt Gebrauch. Bei nicht ordnungsgemäßer Belehrung sind es nach Ablauf dieser Frist nur Einzelfälle, wenn die Zinsen in der Zwischenzeit gleich geblieben oder gestiegen sind. Durch strategisches Prozessieren kann der Kreditnehmer dagegen bei sinkenden Zinsen ein Risiko, das der Vertrag ihm zuweist, im Nachhinein und je nach Opportunität auf die Bank übertragen. Ein Verhalten, das von Verbraucherschutzverbänden und Gerichten zwar begrüßt wird, jedoch zum Risiko für die gesamte Branche werden und bei Eigentümern und Einlegern Verluste in zweistelliger Milliardenhöhe auslösen kann. Im Februar 2014 betrug der Gesamtbestand von Hypothekendarlehen an Nicht-Selbständige 836 Mrd. €. Die Verbraucherzentralen beanstanden bei acht von zehn Verträgen (Quelle: Finanztest Juli 2014), dass die Widerrufsbelehrungen angeblich nicht den Vorgaben entsprechend formuliert sind. Sofern man diesen Zahlen Glauben schenken mag, ergäben sich Konsequenzen in gewaltiger finanzieller Dimension (Abb. 1.1).

Wie ein gut gemeintes Rechtsinstitut zum ökonomischen Albtraum wird

2

2.1 Im Interesse der Verbraucher

Das 14-tägige Widerrufsrecht bei Krediten für nicht kaufmännisch tätige Privatpersonen ist kein Anlass zur Kritik sondern entspricht vernünftigen Zielen des Verbraucherschutzes. Seine Ratio besteht nicht nur und nicht einmal in erster Linie darin, den Verbraucher vor Überrumpelung oder falscher Beratung zu schützen. Vielmehr ermöglicht die Einräumung einer „cool off"-Periode dem Kreditnehmer, spontane und impulsive Geschäfte, die nicht im Einklang mit seinen langfristigen Interessen stehen, zu überdenken und innerhalb einer vernünftigen Frist von 14 Tagen rückabwickeln zu können. Dies gilt für Hypothekenkredite ebenso wie für Ratenkredite zur Finanzierung von Urlaubsreisen oder langlebigen Konsumgütern. Diese Schutznorm für den Verbraucher steht völlig im Einklang mit neueren verhaltensökonomischen Erkenntnissen, wonach spontane und impulsive Handlungen oft von langfristigen orientierten, rationaleren Entscheidungen abweichen und daher manchmal bereut werden. Rechtspolitisch ist diese Weiterentwicklung des Vertragsrechts zu begrüßen, denn sie führt zu einer höheren Quote von Verträgen, die im langfristigen und dauerhaften Interesse der Verbraucher liegen.

Das Widerrufsrecht versetzt den Kreditnehmer nach Abschluss des Vertrags wieder in eine vorvertragliche Lage, da er den Widerruf weder begründen, noch von einer Voraussetzung abhängig machen muss. Die einzige Rechtspflicht des Kreditnehmers besteht darin, den Widerruf gegenüber der Bank in schriftlicher Form innerhalb von 14 Tagen zu erklären. Er kann dies aus beliebigen Motiven tun, einschließlich des Motivs, niedrigere Zinsen eines Konkurrenten oder fallende Zinsen auszunutzen. Auch dies sehr weitgehende Recht sollte rechtspolitisch nicht

© Springer Fachmedien Wiesbaden 2015
H.-B. Schäfer, *Widerruf bei Hypothekenkrediten*, essentials,
DOI 10.1007/978-3-658-07573-6_2

kritisiert, sondern begrüßt werden, da es dem Kreditnehmer die Möglichkeit erhält, über die Vorteilhaftigkeit des Geschäfts noch einmal völlig neu nachzudenken. Gehalten und gestützt wird die Ratio dieser Norm durch die kurze Widerrufsfrist von 14 Tagen, die es dem Kreditgeber leicht möglich macht, die geringen zusätzlichen Kosten dieser verbraucherschutzrechtlichen Norm zu ermitteln und in die Zinsspanne einzupreisen.

2.2 Die Widerrufsbelehrung: Auf die Formulierung kommt es an

Hinsichtlich möglicher Kritikpunkte bezüglich der Widerrufsbelehrung der Bank sind drei Fälle zu unterscheiden:

1. Die Bank kann es gänzlich unterlassen haben, über die Widerrufsmöglichkeit zu belehren.
2. Die Bank kann einen ex ante klar erkennbaren Fehler begangen haben, der bei professioneller Formulierung des Belehrungstextes mit Sicherheit unterblieben wäre.
3. Die Bank kann in der Absicht, den Text für Mitarbeiter und Kunden verständlich zu formulieren und unter Einbezug professioneller Sachkunde einen Text formuliert haben, der in den Augen des BGH nicht in allen Einzelheiten vollständig, klar oder verständlich genug ist.

Die gesetzliche Folge ist in allen drei Fällen die gleiche, nämlich ein unbegrenztes Widerrufsrecht des Kreditnehmers. Dieses wird aber eingeschränkt, wenn der Kreditnehmer die Grundsätze von Treu und Glauben verletzt und sein Widerrufsrecht dadurch dem Verwirkungseinwand aussetzt.

2.3 Große Folgen minimaler Belehrungsfehler

Fast alle Fälle angeblich fehlerhafter Widerrufsbelehrungen im Zusammenhang mit Hypothekenkrediten gehören in die dritte Kategorie, bei der eine übermäßige Sanktion schwerwiegende Fehlsteuerungen auslösen kann. Hier sind ex ante, d. h. wenn die Entscheidung über Sorgfaltsaufwendungen für die Abfassung der Widerrufsbelehrung getroffen werden, die Standards einer rechtsfehlerhaften Belehrung ungewiss. Sie werden erst später von den Gerichten präzisiert.

Diese Konstellation trat typischerweise bei Widerrufsbelehrungen auf, die minimal vom rechtlich geforderten Standard abwichen. Gesetz und Rechtsprechung schreiben Form, Inhalt und Gestaltungsweise der Widerrufsbelehrung in einer Weise vor, nach der laut einer Untersuchung der Hamburger Verbraucherzentrale nur etwa 5 % aller Verträge alle Kriterien in vollem Umfang erfüllen.

So muss die Widerrufsbelehrung sich vom übrigen Vertragstext deutlich hervorheben, etwa als gesondertes Formular oder in gefetteter Form, wobei letztlich noch unklar bleibt, wann genau dieses Kriterium erfüllt ist. Der Beginn der Frist muss präzise angegeben werden, darf jedoch nicht vor Aushändigung des Kreditvertrags oder des Kreditantrags liegen. Verwirrende, missverständliche oder ablenkende Formulierungen sind zu vermeiden. An dieser an sich vernünftigen Forderung ist bereits zu kritisieren, dass sie im Gegensatz zur Rechtsprechung steht. Denn diese bejaht eine ordnungsgemäße Belehrung stets dann, wenn die Bank sich sklavisch an den Wortlaut einer mehrseitigen und in die letzten Einzelheiten gehenden gesetzlichen Musterwiderrufsbelehrung hält, die selbst für Fachleute schwer zu verstehen ist und zu einer informationellen Überladung des Kunden führt. Versucht die Bank jedoch, dieses Textkonvolut in eine kürzere und verständlichere Form zu bringen, geht sie ein großes Risiko ein, fehlerhaft belehrt zu haben, selbst bei nur minimaler Abweichung vom Mustertext. Eine zu geringe Schriftgröße, das Fehlen von Zwischenabsätzen und sogar von Zwischenüberschriften kann zum Verstoß gegen das Deutlichkeitsgebot und damit zur Fehlerhaftigkeit der Belehrung führen.

Der gesetzliche Mustertext hat sich zudem seit 2002 sieben Mal verändert, ein Zeichen dafür, dass auch die Ministerialverwaltungen ihre Schwierigkeiten hatten, den Text korrekt zu formulieren. Hinzu kommt, dass selbst der gesetzliche Mustertext vom BGH als fehlerhaft angesehen wird. Die BGB-Informationspflichten-Verordnung vom September 2002 enthält den folgenden Text:

> Sie können Ihre Vertragserklärung innerhalb von zwei Wochen ohne Angabe von Gründen in Textform...widerrufen. Die Frist beginnt frühestens mit Erhalt dieser Belehrung....

Die in der Verordnung enthaltene Formulierung, wonach die Frist „frühestens mit Erhalt dieser Belehrung" beginnt, wurde als zu unbestimmt angesehen. Ein Vertrauensschutz für die Banken, die einen identischen Text verwendet und sich genau an die Verordnung gehalten hatten, wurde aber von den Gerichten nur für jene Fälle bejaht, in denen der Wortlaut der Verordnung auch an anderer Stelle für den Text der Widerrufsbelehrung nicht geändert worden war.

Die Verordnung enthält zudem über mehrere Seiten weitere Textbausteine, die sich auf Ratenkreditkäufe beziehen, sowie auf paket- und nichtpaketfähige Sachen, auf Versandkosten, Kosten der Rücksendung von Waren, Sonderregelungen bei bereits erbrachten Dienstleistungen, Sonderregelungen für Kreditnehmer, die der deutsche Sprache nicht mächtig sind, Rückzahlungsmodalitäten für den Fall, dass das Darlehen bereits ausgezahlt wurde, Verbundverträge und anderes mehr. Es obliegt den Banken, Volksbanken und Sparkassen, aus dem Konvolut von Textbausteinen einen Wortlaut der Widerrufsbelehrung zu erstellen.

Viele Banken haben einen Wortlaut formuliert, der zwar in den zentralen Passagen (siehe oben) genau der Verordnung folgt, aber in den Ausführungen über die Widerrufsfolgen und finanzierten Geschäfte (z. B. Verbundgeschäfte) teilweise eigenständig formuliert ist. Dies geschah in der Absicht, den Sachbearbeitern einen handhabbaren, für die Kundenberatung verständlichen Text zur Verfügung zu stellen. Der Text der Belehrung konnte zum Beispiel dadurch auf ein Formular von einer Seite Umfang abgedruckt werden. Weder ist aus den verwendeten Texten ein Verstoß gegen klare Vorschriften noch gar eine Manipulationsabsicht herauszulesen. Sie sind vielmehr von dem Bemühen getragen, einen für Mitarbeiter und Kunden nachvollziehbaren Text zu formulieren.

Dieser Text entsprach jedoch teilweise nicht den hohen Anforderungen, welche die Gerichte anlegten – mit der Rechtsfolge, dass sich die Widerrufsfrist entsprechend dem Wortlaut des Gesetzes auf einen unbegrenzten Zeitraum ausweitete. (§ 355 (4) BGB).

Dies hatte zur Folge, dass eine große Zahl der Widerrufsbelehrungen der Banken zwischen den Jahren 2002 und 2010 Ansatzpunkte für formelle Kritik boten und auf Seiten der Kreditnehmer zu einem zeitlich unbegrenzten Widerrufsrecht führen könnten, sofern sie dies einforderten. Diese mögliche Rechtsfolge erweist sich nun als Instrument, mit dem der Kreditnehmer der Bank alle Risiken der langfristigen Zinsbindung zuweisen und gleichzeitig alle Vorteile voll in Anspruch nehmen könnte.

Bereits minimale Abweichungen von der vorgegeben Formulierungsnorm können also ausreichen, um das „ewige" Widerrufsrecht einzufordern. Wie bereits erwähnt, sind die Auswirkungen dieser Rechtsprechung unproblematisch, solange die Marktzinsen über die Laufzeit eines Kredits gegenüber dem Vertragszins entweder ansteigen oder konstant bleiben. Wenn aber die Zinssätze, wie in den letzten beiden Jahren geschehen, auf ein Allzeittief absinken, müssen Banken ihr teuer refinanziertes Kapital zu niedrigen Zinsen für die Restzeit des Darlehens ausleihen und machen entsprechende Verluste. Ähnlich wie entsprechend der Chaostheorie der Flügelschlag eines Schmetterlings in China einen Hurrikan in Amerika auslösen kann, könnte ein winziger Formfehler in einem Formular in Verbindung mit sinkenden Zinssätzen somit zu nicht unerheblichen Vermögensverschiebungen führen.

Die Auswirkungen, die dadurch entstehen, haben mit einem vernünftigen Verbraucherschutz nichts mehr zu tun. Die Ratio des Widerrufsrechts ergibt sich gerade daraus, das dieser aus zwei Dimensionen, nämlich einer inhaltlichen und einer zeitlichen Komponente, besteht. Die inhaltliche Dimension hebt den Grundsatz „pacta sunt servanda" für den Verbraucher vollständig auf. Dies ist rechtspolitisch gewollt und zu begrüßen, solange es bewirkt, dass eine vertragliche Bindung nicht nur einem spontanen Impuls sondern langfristigen Interessen des Kunden dient. Dies gewährleistet die zeitliche Dimension des Widerrufsrechts mit der Begrenzung auf 14 Tage. Gegenüber Konsumenten wird daher mit dem Widerrufsrecht der Gedanke der Vertragstreue nicht etwa aufgehoben oder verwässert, sondern wegen der Vermeidungsmöglichkeit von Impulsgeschäften sogar auf eine solidere rechtspolitische Grundlage gestellt. Ein zeitlich unbegrenztes Widerrufsrecht bei minimalen und ex ante nicht klar erkennbaren Belehrungsfehlern führt hingegen dazu, dass die vom Gesetzgeber gewollte, auf 14 Tage begrenzte Willkürmacht der Kreditnehmer unbegrenzt wird und diese alle Vorteile des Vertrags genießen, die Risiken aber auf die Bank übertragen können.

Dadurch treten ungewollte Wirkungen auf. Übermäßige Sanktionen führen in diesen Fällen unklarer Sorgfaltsstandards stets zu übermäßigen Sorgfaltsaufwendungen, zu Fehlervermeidungsperfektionismus und zu wirtschaftlich abzulehnenden Defensivstrategien. Sie führen außerdem dazu, dass die Kosten der fehlerhaften Belehrung auf die Preise überwälzt werden, sobald der Überraschungseffekt einer gänzlich unerwarteten Rechtsprechung vorbei ist. Dann müssen alle Bankkunden in Form höherer Zinsspannen dafür einstehen, dass ein Teil der Kreditnehmer sich opportunistisch verhält.

Wer trägt die Kosten? 3

Wenn es dabei bleiben sollte, dass jegliche Abweichung vom rechtlichen Standard der Widerrufsbelehrung zum zeitlich unbegrenzten Widerrufsrecht führt, könnten die Kosten für die Immobilien finanzierenden Banken astronomische Höhen erreichen. Zwischen 2002 und 2010 wären wohl in der Mehrzahl der Widerrufsbelehrungen minimale, formale Abweichungen von der Norm zu finden. Erst nach klareren rechtlichen Vorgaben im Jahr 2010 konnten die Banken sich stärker an den Wortlaut der Modelltexte halten. Wenn aber ein großer Anteil der Kreditnehmer ihre Darlehen jetzt ohne Vorfälligkeitsentschädigung kündigen würden, kämen bei einem Gesamtbestand von Hypothekendarlehen an Nicht-Selbständige von 835 Mrd. € Kosten in zweistelliger Milliardenhöhe auf die Banken, Volksbanken und Sparkassen zu.

Zukünftige Kosten werden selbstverständlich eingepreist und würden Teil einer erhöhten Zinsspanne. Der Effekt wäre eine Belastung aller Kreditnehmer zu Gunsten derjenigen, die von ihrer Widerrufsmöglichkeit Gebrauch gemacht haben, um der Bank, in Wirklichkeit aber allen anderen Kreditnehmern das Risiko einer Zinssenkung aufzubürden, das sie laut Vertrag eigentlich selbst zu tragen haben.

© Springer Fachmedien Wiesbaden 2015
H.-B. Schäfer, *Widerruf bei Hypothekenkrediten*, essentials,
DOI 10.1007/978-3-658-07573-6_3

Soll die Vorfälligkeitsentschädigung abgeschafft werden?

4.1 Die Vorfälligkeitsentschädigung in der Kritik

Die derzeitig unklare Rechtslage wird von Verbraucherschutzverbänden zum Anlass genommen, die Sinnhaftigkeit der Vorfälligkeitsentschädigung bei vorzeitiger Rückzahlung des Hypothekendarlehens generell zu hinterfragen oder zumindest deren Berechnung auf neue Grundlagen zu stellen. Legitim sind solche Forderungen nur, wenn ein Fall von Marktversagen vorliegt. Wenn also etwa dem Kreditnehmer bei Vertragsabschluss das Risiko, eine Vorfälligkeitsentschädigung zahlen zu müssen, ganz unbekannt ist und Alternativen auf dem Markt nicht vorhanden sind.

4.2 Vorfälligkeitsentschädigung im In- und Ausland

Es trifft zu, dass in einigen Rechtsordnungen Hypothekenkreditnehmer bereits heute aus einem langjährigen Vertrag mit Zinsbindung ohne Vorfälligkeitsentschädigung heraus optieren können. Auch in Deutschland werden zunehmend Darlehen angeboten, die eine vorfällige Teilrückzahlung ohne Vorfälligkeitsentschädigung ermöglichen. Es gibt ein Interesse der Bankkunden an solchen Möglichkeiten. Diese erhöhen aber die Kosten der Fristentransformation, da sich die Kredit vergebende Bank dann nicht darauf beschränken kann, eine Refinanzierung auf dem Kapitalmarkt vorzunehmen, die fristenkongruent mit dem gewährten Darlehen ist. Sie muss dann vielmehr komplexe Methoden gepaart mit Versicherungslösungen

© Springer Fachmedien Wiesbaden 2015
H.-B. Schäfer, *Widerruf bei Hypothekenkrediten,* essentials,
DOI 10.1007/978-3-658-07573-6_4

kombinieren. Diese Methoden der Risikovorsorge sind entsprechend teurer und müssen durch einen höheren Kreditzinssatz eingepreist werden.

Die Lösung besteht nicht darin, alle Kreditnehmer zwangsweise mit dem kostspieligen Recht eines jederzeitig möglichen Rücktritts vom Vertrag auszustatten sondern vielmehr darin, Verträge mit und ohne Vorfälligkeitsentschädigung und mit unterschiedlichen Zinssätzen anzubieten.

Dies geschieht auf dem deutschen Darlehensmarkt bereits. So vermittelt beispielsweise der Baufinanzierer Interhyp Darlehen, die der Kreditnehmer gegen einen Aufpreis im Fall eines Wohnungswechsels vorzeitig und ohne Vorfälligkeitsentschädigung tilgen kann. Ökonomisch betrachtet handelt es sich dabei um eine Versicherung, die das Schadensrisiko des Kreditnehmers gegen Zahlung einer Prämie auf den Kreditgeber überträgt. Es gibt rechtspolitisch keinen Grund, dieses Geschäftsmodell durch zwingende Regeln des Verbraucherschutzes auf alle Kreditnehmer auszuweiten. Denn dann müssten auch jene Kreditnehmer über die Zinsspanne belastet werden, bei denen die Wahrscheinlichkeit eines Wohnungswechsels gering ist und die daher kein Interesse an einem solchen Vertrag haben. Es käme zu einer rechtlich erzwungenen Quersubventionierung von Kunden mit hoher räumlicher Mobilität zum Nachteil von Kunden mit geringer räumlicher Mobilität.

Vergleichbares gilt für einen Verzicht auf jegliche Vorfälligkeitsentschädigung bei vorzeitiger Tilgung des Darlehens. Solche Darlehen sind nicht nur im Ausland sondern auch in Deutschland erhältlich. So bietet zum Beispiel die Münchner Hypothekenbank unter dem Produktnamen „Münchner Freiheit" ein solches Darlehen an. Die Zinssätze liegen um etwa 40 Basispunkte höher als bei den herkömmlichen Darlehen. Für einen Kreditnehmer, der ein 10jähriges Darlehen von 300.000 € zur Eigenheimfinanzierung aufnimmt, summiert sich diese Versicherungsprämie auf 12.000 € über die Laufzeit des Darlehens. Der Risikoaufschlag der Bank steigt allerdings, wenn das Darlehen in einer Hochzinsphase vergeben wird und dann die Wahrscheinlichkeit künftig sinkender Zinsen relativ hoch wird.

In europäischen Nachbarländern wird die Möglichkeit der vorfälligen Tilgung ohne Schadensersatz an die Bank teilweise durch zwingende Normen des Verbraucherschutzes herbeigeführt. Dies zwingt die Kredit vergebenden Banken für den Gesamtbestand ihrer Ausleihungen an Konsumenten in erhebliche Risiken. Denn die Banken müssen nicht nur Vorsorge tragen für die finanzmathematisch relativ leicht handhabbaren Fälle des Umzugs eines Kreditnehmers, sondern auch für die Fälle von Niedrigzinsphasen. Letztere sind finanzmathematisch und finanztechnisch viel schwerer zu beherrschen. Eine langfristige Niedrigzinsphase nach einer Hochzinsphase kann in ihren Wirkungen auf die Kosten für die Bank mit finanzmathematischen Methoden letztlich nicht präzise kalkuliert werden, anders als etwa das Risiko eines Wohnungswechsels. Eine Bank, die dem Kreditnehmer anbietet, jederzeit ohne Schadensersatz aus einem langfristigen Kreditvertrag auszusteigen, macht ein hochriskantes Geschäft. Dies gilt selbst bei erheblichen Zinsaufschlägen.

In Spanien ist die Höhe der Vorfälligkeitsentschädigung durch zwingendes Recht gedeckelt worden und macht nur eine geringe Quote des der Bank tatsächlich entstehenden Schadens aus. Dies hat dort wegen der schwierigen Ermittlung des Zinsaufschlags und der entstehenden Verlustrisiken zur Abschaffung der Zinsbindung geführt. Folglich können die Kunden ihren Kredit zwar jederzeit zurückzahlen, haben aber keinen Anreiz mehr dazu, weil sie von niedrigen Zinsen automatisch profitieren. Sie verlieren jedoch auch den durch die Zinsbindung bewirkten Schutz gegen steigende Zinsen. Auf den Markt für eigengenutzte Immobilien wirkt sich dies negativ aus, weil für den Kreditnehmer die Aufnahme eines Baudarlehens mit unwägbaren Risiken verbunden ist.

In Frankreich können Nicht-Selbständige ihre Darlehen jederzeit zurückzahlen und damit auch den Vorteil von Niedrigzinsphasen ausnutzen. Die Höhe der Vorfälligkeit wird durch staatliches Dekret gedeckelt. Das Angebot fester Zinsbindung ist politisch gewollt. Die Lage der Banken in Frankreich, die dort wie viele Großunternehmungen dem politischen Einfluss des Staats ausgesetzt sind, kann aber kein Vorbild für den Verbraucherschutz in Deutschland sein. Denn die Risiken bleiben mit oder ohne Dekrete bestehen und fallen im schlimmsten Fall auf den Steuerzahler.

4.3   Kein legitimer Grund für die Abschaffung der Vorfälligkeitsentschädigung

Es ist nicht nachvollziehbar, warum Verbraucherschutzverbände in Deutschland und sogar die EU-Kommission die Abschaffung der Vorfälligkeitsentschädigung für langfristige Kreditverträge fordern oder erwägen, obwohl entsprechende Verträge am Markt angeboten werden. Typischerweise schützen die Regeln des Verbraucherschutzes den Kunden vor Risiken, die er vor Abschluss des Vertrags nicht einschätzen kann oder nicht einmal zur Kenntnis nimmt. Dann liegt eine fürsorgliche Zwangsversicherung im Interesse des Kunden, der froh ist, später vor bösen Überraschungen geschützt zu sein, auch wenn er dafür einen höheren Preis für das Produkt zahlen muss. Die Vorfälligkeitsentschädigung ist aber gerade kein Risiko, auf das der Kreditnehmer bei Abschluss des Vertrags nicht achtet. Es liegt daher kein Fall von Marktversagen durch asymmetrische Information zwischen Kreditnehmer und Kreditgeber vor, der zu einer gesetzlichen Intervention durch zwingendes Recht Anlass gibt. Kreditnehmer haben vielmehr die Wahl zwischen unterschiedlichen Kreditverträgen mit unterschiedlichen Schutzniveaus und unterschiedlich hohen Zinsen. Der typische Konsument kann durchaus einschätzen, ob er lieber einen Vertrag mit höheren Zinsen ohne Vorfälligkeitsentschädigung oder mit niedrigeren Zinsen mit Vorfälligkeitsentschädigung haben möchte.

4.4   Mehr Transparenz bei der Berechnung der Vorfälligkeitsentschädigung ist wünschenswert

Unterstützung verdienen Verbraucherschützer insoweit, als es bei der Berechnung der Vorfälligkeitsentschädigung immer wieder zu berechtigten Beanstandungen kommt, etwa hinsichtlich der verwendeten Soll- und Haben-Zinssätze oder der Einbeziehung von vertraglich vereinbarten Tilgungsmöglichkeiten in die Berechnung. Dies wird durch viele Gerichtsurteile zugunsten von Kreditnehmern belegt. Mehr Fairness und Transparenz und eine mit Verbraucherschutzverbänden abgestimmte Berechnungsmethode der Entschädigung ist hier angebracht, nicht aber die Abschaffung oder Deckelung der Vorfälligkeitsentschädigung durch zwingendes Recht. Dies liegt weder im Interesse der Gesamtheit der Kreditnehmer noch im Interesse der Banken.

Bei einigen Verbraucherschützern dominiert immer noch der sogenannte „deep pocket approach", wonach Verbraucherschutz nicht eine über die Rechtsordnung herbeigeführte, vom Kunden über den Preis zu zahlende Zwangsversicherung zur Korrektur von Marktversagen ist, sondern ein Nullsummenspiel zwischen reichen Konzernen und armen Konsumenten. Diese Vorstellung ist fehlerhaft, irreführend und unhaltbar. Sie ist aber die eigentliche Ursache für Übertreibungen des Verbraucherschutzes.

Schlussfolgerung 5

Das 14-tägige begründungsfreie und bedingungslose Widerrufsrecht des Kreditnehmers ist – auch für Hypothekendarlehen – eine rechtspolitisch begrüßenswerte Norm. Sie schützt den Verbraucher nicht nur vor Überrumpelung und Fehlberatung, sondern auch vor sich selbst und eröffnet ihm die Möglichkeit, Geschäfte, die nur auf spontanen Impulsen beruhen und seinen langfristigen Interessen nicht dienen, zu vermeiden. Auch die Tatsache, dass die von der Bank erteilte schriftliche Widerrufsbelehrung den gesetzlichen Vorschriften entsprechend klar, deutlich, verständlich und vollständig sein muss, ist zu begrüßen. Zu kritisieren ist jedoch die Rechtsfolge, die bei fehlerhafter Belehrung zum ewigen Widerrufsrecht führen kann. Dies ist noch vertretbar, wenn der Kreditgeber einen klar erkennbaren Sorgfaltsstandard verletzt, so dass der gewaltige Schaden, den ein späterer Widerruf bei der Bank auslösen kann, nur einen Ansporn für Rechtsabteilungen und das Management der Banken auslöst, die Widerrufsbelehrung in der rechtlich geforderten Form durchzuführen.

Das ist aber nicht der Grund dafür, dass ein großer Teil der heute vorliegenden Widerrufsbelehrungen möglicherweise einer formellen Prüfung nicht Stand hält. Vielmehr haben Gerichte die Belehrungen als rechtsfehlerhaft klassifiziert, obwohl diese von qualifizierten Fachleuten in guter Absicht und im Bemühen formuliert wurden, den Text der Belehrung für Sachbearbeiter und Kunden verständlich zu halten. Aufgrund fehlerhafter Formulierungen des Verordnungsgebers für Modelltexte war es oft nicht einmal möglich, eine ordnungsgemäße Widerrufserklärung zu verfassen.

Bei stark sinkenden Zinsen gibt das Widerrufsrecht dem Kreditnehmer die Möglichkeit, sich opportunistisch vom Vertrag zu lösen, den alten Kredit ohne

© Springer Fachmedien Wiesbaden 2015
H.-B. Schäfer, *Widerruf bei Hypothekenkrediten,* essentials,
DOI 10.1007/978-3-658-07573-6_5

Vorfälligkeitsentschädigung zu tilgen und einen neuen mit Niedrigzinsen aufzunehmen. Sein so entstehender Gewinn ist ein gleich großer Schaden für die Bank.

Diese Rechtsfolge ist sogar dazu geeignet, die Idee des Verbraucherschutzes, die im letzten Jahrhundert zu wichtigen Reformen des Privatrechts führte zu diskreditieren. Es ist Zeit, sich Klarheit über diese Gefahren zu verschaffen. Und es ist zu hoffen, dass die höchstrichterliche Rechtsprechung den Verwirkungseinwand der Kreditinstitute in einer Weise einsetzt, welche diese unbeabsichtigte aber zerstörerische Wirkung verhindert.

Was Sie aus diesem Essential mitnehmen können

Der zivilrechtliche Verbraucherschutz ist im Wesentlichen eine Zwangsversicherung des Verbrauchers, die zur Korrektur von Marktversagen dient und deren Kosten von allen Verbrauchern im Preis der Leistung finanziert werden.

Das 14-tägige Widerrufsrecht des nicht selbständigen Darlehensnehmers eines Hypothekendarlehens ist eine begrüßenswerte verbraucherrechtliche Norm, die nicht nur gegen Fehlberatung, sondern auch gegen impulsive Entscheidungen schützt.

Die Anforderungen an eine rechtswirksame Belehrung des Bankkunden über die 14-tägige Widerrufsfrist sind in Deutschland in einer Weise formuliert worden, dass spezialisierte Bankjuristen sie in der Mehrzahl der Fälle trotz Gewissenhaftigkeit und guter Absicht nicht erfüllen konnten und in ein juristisches Labyrinth geleitet wurden.

Dies kann die Hypothekenbanken und ihre Kunden mit Verlusten in zweistelliger Milliardenhöhe belasten, sofern bei historisch niedrigen Zinsen die Kreditnehmer selbst bei winzigen und trivialen Normabweichungen nach Jahren von ihrem ewigen Widerrufsrecht Gebrauch machen und sich ohne Vorfälligkeitsentschädigung aus dem Vertrage lösen können.

Diese Entwicklung hätte mit vernünftigen Zielen des Verbraucherschutzes nichts mehr zu tun. Sie würde vielmehr ermöglichen, sich ex post und opportunistisch aus einem fairen Vertrag auf Kosten der Gegenseite zu lösen.

© Springer Fachmedien Wiesbaden 2015
H.-B. Schäfer, *Widerruf bei Hypothekenkrediten,* essentials,
DOI 10.1007/978-3-658-07573-6

Literatur

Drexl, J. (1998) Die wirtschaftliche Selbstbestimmung des Verbrauchers: eine Studie zum Privat- und Wirtschaftsrecht unter Berücksichtigung gemeinschaftsrechtlicher Bezüge. Mohr Siebeck, Tübingen

Final Report, European Commission. Internal Market and Services DG, Prepared by London Economics and Achim Dübel in Association with Institut für Finanzdienstleistungen e. V., Nov. 2009, siehe insbes. Auch Annex B. veröffentlicht im Internet. http://www.google.ch/search?client=safari&rls=en&q=Final+Report,+European+Commissio n,+Internal+Market+and+Services+DG,+Prepared+by+London+Economics+and+Achi m+Dübel+in+Association+with+Institut+für+Finanzdienstleistungen+e.V.+,+Nov.+200 9&ie=UTF-8&oe=UTF-8&gfe_rd=cr&ei=GO3-U6bDFISH8Qfg3IG4CA Zugegriffen: Sept. 2014

Habersack M., Schürnbrand J. (2014) Verwirkung des Widerrufsrechts aus einem Verbraucherdarlehensvertrag bei fehlerhafter Widerrufsbelehrung. ZIP 2014:749

Huber PW (1990) Liability: the legal revolution and its consequences. Perseus.

Richtlinie 2014/17/EU vom 4. Februar 2014 über Wohnimmobilienkreditverträge für Verbraucher und zur Änderung der Richtlinien 2008/48/EG und 2013/36/EU und der Verordnung (EU) Nr. 1093/2010

Schäfer HB., Ott C. (2012) Lehrbuch der ökonomischen Analyse des Zivilrechts, 5. Aufl. Springer, Heidelberg.

Wehrt K. Der Widerrufsjoker – Fehlerhafte Widerrufsbelehrungen. Ohne Vorfälligkeitsentschädigung aus dem Immobiliardarlehensvertrag? http://www.wehrt.de/vorfaelligkeitsentschaedigung/widerrufsbelehrung-widerrufsjoker.aspx Zugegriffen: Sept. 2014

© Springer Fachmedien Wiesbaden 2015
H.-B. Schäfer, *Widerruf bei Hypothekenkrediten*, essentials,
DOI 10.1007/978-3-658-07573-6